et mettre mon pyjama préféré.

Ce que **j'aime** avant d'aller au lit c'est
quand maman se transforme en **monstre**
pour m'attraper et me faire plein de **bisous**
et un gros **câlin** !

Ce que **j'aime** quand

je vais au lit

Trace Moroney

Piccolia

Le soir, ce que **j’aime** avant d’aller au lit c’est...

prendre un bon bain,

me brosser les dents,

Après, je me blottis sous la couette
avec mon doudou et papa
me lit une histoire.

On se raconte aussi **les meilleurs moments** de la journée...

quand on a construit
une cabane dans l'arbre,

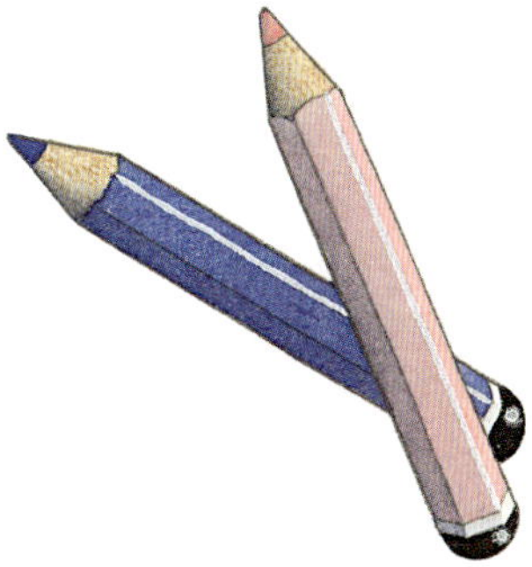

le dessin
que j'ai offert
à maman,

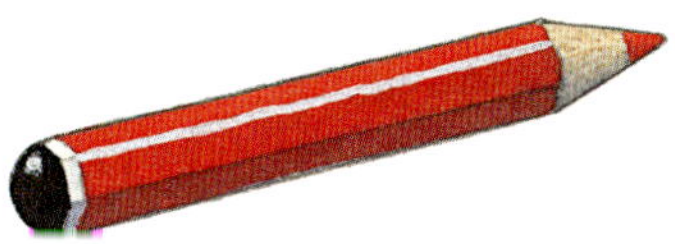

ou quand je me suis amusé
avec mes copains...

Quand je pense à tous ces **bons moments**,
je suis heureux !

Et chaque soir, mon papa me dit...

*« Quand on pense à tous
les millions de petits lapins
dans le monde, j'ai la chance
de t'avoir toi !
Bonne nuit,
mon petit lapin.*
***Je t'aime
très fort !*** *»*

Quand il me dit ça, je me sens **vraiment** unique.

Je ferme doucement mes yeux
fatigués et je pense à tout ce
à quoi je voudrais rêver...
Comme voyager sur le dos d'une
abeille géante jusqu'à la Lune...

… ou naviguer dans un bateau pirate
sur une mer de confiture de fraises
où nagent de gentils poissons rouges…

Parfois je suis tout simplement
dans mon petit lit douillet et je me sens heureux.

J'aime vraiment aller au... z z z z z z z

Remarques à l'attention des parents

Un grand atout : l'estime de soi

Le plus beau cadeau que vous puissiez faire à votre enfant est une saine estime de soi.
L'enfant qui a conscience de sa propre valeur et a confiance en soi développe une estime de soi positive.
Rien de tel que de longs moments d'intimité avec votre enfant, passés à jouer et lire avec lui, ou, tout simplement, à l'écouter pour qu'il prenne conscience de sa propre valeur. Vous pouvez également l'aider à découvrir et à devenir la personne qu'il souhaiterait être plus tard.
La vie sourit à ceux qui s'aiment sincèrement, tels qu'ils sont.
Le bonheur ne se résume pas à réussir dans la vie. Il faut aider son enfant à acquérir suffisamment de confiance en soi pour faire face au malheur, à la honte, aux difficultés et aux échecs.
C'est aussi important, voire plus important, que de réussir dans la vie ou être le meilleur. Lorsque les enfants ont confiance en leurs capacités pour gérer les sentiments les plus pénibles - la peur, la colère, la tristesse... - ils acquièrent une assurance intérieure qui leur permet de mieux affronter le monde dans lequel ils vivent.

Chaque livre de cette collection a été soigneusement conçu en vue de mieux permettre à l'enfant de comprendre ses émotions à travers des exemples simples de sa vie quotidienne.

Titre original : The Things I Love About Bedtime

5, rue d'Alembert
91240 Saint-Michel-Sur-Orge
Dépôt légal : 1er trimestre 2011
Loi n° 49-956 du 16 juillet 1949
sur les publications destinées à la jeunesse.
Imprimé en Chine